KRONPRINZESSIN CECILIE

Iselin Gundermann

EDITION RIEGER

Die Autorin Dr. Iselin Gundermann war bis zum Jahre 2000 Wissenschaftliche Direktorin im Geheimen Staatsarchiv Preußischer Kulturbesitz. Im Jahre 2009 starb die Autorin in Berlin.

3. Auflage, 2011

Karwe / bei Neuruppin
Lange Straße 63, 16818 Karwe
Telefon und Fax: 03 3925 / 7 10 63
E-Mail: info@edition-rieger.de
Internet: www.edition-rieger.de

Fotonachweis: Sammlung Prof. Dr. von Barsewisch, Groß Pankow (S. 45), Sammlung Prof. Dr. Gerd Heinrich, Berlin (S. 17, 18, 43, 44), Sammlung Ulf Heinrich, Flechtorf (Titel, S. 8, 9, 11, 23 o., 28, 29, 30, 32, 35, 36), Sammlung Gunther von Jena, Berlin (S. 25), Matthias Reihs, Berlin (S. 4), Archiv des Verlages (2. und 4. US, S. 5, 6, 13, 14, 15, 19, 20, 21, 23 u., 24, 26, 33, 42, 47), Ulrich Kriele, Alt Ruppin (S. 38)
Satz: Reihs Satzstudio, Lohmar
Druck: Druckerei Steinmeier, Deiningen

Es gibt Zeiten, wo man überhaupt nicht mehr weiß, was Sinn hat. Warum werden Menschen auf die Höhen des Lebens geführt, um nachher mit einem Ruck herunterfallen zu müssen?

Kronprinzessin Cecilie, 1913

Kindheit und Jugend

Am 5. September 1904 bestätigten Extrablätter die seit einigen Wochen umlaufenden Gerüchte über eine Verlobung des deutschen Kronprinzen Wilhelm mit Cecilie, der Tochter des Großherzogs Friedrich Franz III. von Mecklenburg-Schwerin. Die Berliner »Staatsbürger-Zeitung« kommentierte das Ereignis und stellte fest, dass bei diesem jungen Herzensbunde auch die politische Seite auf das Glücklichste gelöst zu sein scheine. »Die Herzogin Cecilie ist nicht nur durch ihre Mutter dem russischen, sondern auch durch die Eheschließungen ihrer Geschwister, des Großherzogs und der Herzogin Alexandrine, dem cumberländischen und dem dänischen Hofe nahe verwandt. Gerade das nahe verwandtschaftliche Verhältnis der Herzogin zum Kopenhagener und Petersburger Hofe dürfte für die Wahl des Kronprinzen ein glücklicher politischer Begleitumstand sein, durch den sich das Verlöbnis im Einklange mit der Bismarckschen Politik erweist ...« Mögen politische Überlegungen durchaus auch im Spiel gewesen sein, so hatte das Einverständnis des Kaiserpaars zur Wahl seines ältesten Sohnes jedoch vor allem persönliche Gründe. Wilhelm II. und Auguste Victoria wünschten sich eine Schwiegertochter, die einen ruhenden Gegenpol zu dem nach Ungebundenheit strebenden und zu Ausschweifungen neigenden Kronprinzen bilden würde.

Cecilie war am 20. September 1886 als drittes Kind des Großherzogs Friedrich Franz III. (1851–1897) in Schwerin geboren. Bereits ihre Mutter Anastasia (1860–1922), eine Nichte Zar Alexanders II., hatte die Bewunderung Kaiser Wilhelms I. erregt, als sie 1879 in Schwerin einzog. »Ich bin entzückt von der reizenden Erscheinung Anastasias und ihrer so einfachen Liebenswürdigkeit, so dass sie allgemeinsten Beifall findet, was

Schweriner Schloss.

bei solchen Eigenschaften nur natürlich ist. Ich gratuliere Euch mit Neid zu dieser Erbin«, schrieb er an die Großherzogin-Mutter Alexandrine. Nach dem frühen Tod Friedrich Franz III. (1897) übernahm dessen Bruder Johann Albrecht (1857–1920) die Regentschaft für den noch nicht volljährigen Friedrich Franz IV. (1882–1945).

Cecilie schildert ihren Vater als einen liebenswürdigen und gütigen Menschen. Stets um seine durch »Affectionen des Bronchialapparats« beeinträchtigte Gesundheit besorgt, verlebten er und Anastasia die Wintermonate immer im Süden, wo sie in dem damals stillen Cannes in der Villa »Wenden« ein Refugium besaßen. Auch während des Sommers hielt sich der Großherzog meistens für nur wenige Tage in Schwerin auf, um dort die wichtigsten Dienstgeschäfte zu erledigen. Der bevorzugte Wohnsitz der Familie war dann das an der Landstraße zwischen Rostock und Ribnitz gelegene Jagdhaus Gelbensande. Hier wuchsen Cecilie und ihre Geschwister Alexandrine und Friedrich Franz IV. unter der strengen Aufsicht der Mutter auf. Anastasia wählte die Erzieher und Lehrer ihrer Kinder aus. Sie setzte die Zahl und den Inhalt der Lektionen fest und legte Wert auf ein ausgewogenes Verhältnis zwischen den Schulstunden und Aufenthalten in der freien Natur. Durch den Gebrauch der englischen und französischen und später auch der russischen Sprache im täglichen Umgang wurden die Kinder schon früh darauf vorbereitet, an auswärtigen Höfen sicher und gewandt aufzutreten. Cecilie erhielt Unterricht im Zeichnen und Malen, bedauert aber in ihren Memoiren, viel zu wenig in Museen und Galerien gekommen zu sein, um ihre Kenntnisse über die Kunstwerke großer Meister zu vertiefen. Ihr besonderes Interesse galt der klassischen Musik. »Ich durfte jedoch nur einmal in jeder Woche in die Oper gehen, so dass ich also in Dresden, wo ich ungefähr drei Wochen zu bleiben pflegte, höchstens drei Opern während eines Besuches zu hören bekam, da ich nicht verwöhnt werden sollte.« 1903 wurde sie in der Schweriner Schlosskirche konfirmiert. »Mit der Einsegnung galt meine Erziehung formal als beendet«, bemerkt sie im Rückblick, doch habe ihre Mutter sie nicht so früh in die Welt gehen lassen wollen. Vielmehr habe sie noch lange ihre kindliche Abhängigkeit von der mütterlichen Fürsorge betont.

Mehr als manche Unterrichtsstunde dürften die jährlichen Reisen nach St. Petersburg zu den russischen Verwandten der Mutter den Blick geweitet und Cecilies Urteil geschärft haben, auch wenn sie kaum in die Lage kam, die Zustände und die soziale Lage der Menschen in Russland bewusst kennen zu lernen. Aber der Aufenthalt im Landhaus ihres Großvaters Michael Nikolajewitsch, die Bahnfahrten durch die Weiten des

Das Großherzogliche Jagdschloss in Gelbensande, heute Ort von Ausstellungen und kulturellen Veranstaltungen.

Cecilies Gemahl, der deutsche Kronprinz Wilhelm.

Zarenreichs oder die Reise über See bis nach Kronstadt prägten sich ihr ein. Sie begegnete Zar Nikolaus II. und seiner Familie und beobachtete das Leben am Petersburger Hofe: »Russland mit allem, was für mich junges Menschenkind damit verbunden war, bedeutete in meinem Leben etwas ganz Großes und Schönes, etwas ganz Eigenartiges und Bedeutsames«, schrieb sie 1917, als sie die zerstörerische Seite der Revolution erlebte, die das Land, das sie wie eine zweite Heimat liebte, »in tiefste, schwärzeste Abgründe verschlang, aus denen es wohl in absehbarer Zeit sich nach menschlicher Berechnung nicht wieder erheben wird.«

Im Juni 1904 vermählte sich Cecilies Bruder Friedrich Franz IV. mit Alexandra von Hannover, der Tochter des den Mecklenburgern seit langem freundschaftlich verbundenen Herzogs von Cumberland. Anlässlich der Ankunft des Brautpaares in Schwerin befand sich als Vertreter des deutschen Kaisers auch Kronprinz Wilhelm unter den fürstlichen Gästen. So kam es am 5. Juli zu einer zwanglosen, aber sicher nicht zufälligen ersten Begegnung Wilhelms und Cecilies. Ein Wiedersehen folgte bald, als Anastasia und Cecilie auf ihrer Reise nach Russland in Berlin Station machten und mit Wilhelm im »Kaiserhof« am Wilhelmplatz soupierten. Noch während des Aufenthaltes in St. Petersburg erhielt Anastasia ein Schreiben Kaiser Wilhelms II., mit dem er für seinen Sohn um die Hand ihrer Tochter Cecilie anhielt. Obwohl Cecilie ihr »Ja« sehr spontan aussprach, sah sie die Schwere der Aufgaben und Pflichten an der Seite des Thronfolgers deutlich vor sich: »Die Reihe der preußischen Frauen von der Königin Luise bis zu unserer Kaiserin stand vor meinem Auge: würde ich ihrer wert sein? Ich prüfte alles, fragte dann noch einmal mein Herz und antwortete meiner Mutter freudig: ›Ja.‹« – »Ein gütiges Geschick hat es gefügt, dass meine Wahl frei von einengenden politischen oder dynastischen Rücksichten auf die Frau fallen konnte, der ich von Herzen zugetan war und die auch mir gern ihre Hand gegeben hat. Wir haben uns in echter und aufrichtiger Zuneigung zueinander gefunden«, schrieb Kronprinz Wilhelm in seinen »Erinnerungen«.

Die offizielle Verlobung in Gelbensande am 4. September 1904 beherrschte in den folgenden Wochen die Berichte der Tageszeitungen. So wies der Berliner Lokalanzeiger auf die seit langem bestehenden guten Beziehungen des Kaisers zu den norddeutschen Städten und Fürstenhäusern hin. In täglichen Nachrichten lenkte die Presse die Aufmerksamkeit auch auf das während der Verlobungstage stattfindende Kaisermanöver auf der Ostsee und den Verlauf der Parade des IX. Armeekorps und des Marine-Landungskorps in Altona. An beiden Ereignissen nahmen Kaiser Wilhelm II. und sein Sohn teil, so dass der Abschluss des Verlobungsfestes mit einem großen Galadiner im Schweriner Schloss erst am 11. September begangen wurde.

Die Hochzeitsfeier in Berlin

Cecilie, die nach der sicher nicht unberechtigten Ansicht einiger Journalisten in deutschen Landen weitgehend unbekannt war, sah sich als Braut des Kronprinzen plötzlich in den Mittelpunkt der Öffentlichkeit gestellt. Sie bestach durch ihre Schönheit und Eleganz, ihren hohen Wuchs und

№ 47.

Regierungs-Blatt

für das

Großherzogtum Mecklenburg-Schwerin.

Jahrgang 1904.

Ausgegeben Schwerin, Donnerstag, den 22. Dezember 1904.

Inhalt.

I. Abteilung.

(№ 28.) Neben-Kontributions-Edikt vom 21. Dezember 1904 wegen Erhebung der Prinzessinsteuer.

Wir Friedrich Franz, von Gottes Gnaden Großherzog von Mecklenburg, Fürst zu Wenden, Schwerin und Ratzeburg, auch Graf zu Schwerin, der Lande Rostock und Stargard Herr ꝛc.

Fügen unter Entbietung bezw. Unseres gunstgnädigsten und gnädigsten Grußes Unseren Beamten, denen von der Ritterschaft, Bürgermeistern, Richtern und Räten in den Städten, sowie allen Unseren Untertanen und Landes-Eingesessenen, welche von diesem Unserem Edikt ergriffen werden, hiermit zu wissen:

Nachdem wegen bevorstehender Vermählung der Durchlauchtigsten Herzogin Cecilie zu Mecklenburg, Hoheit, Prinzessintochter des Hochseligen Großherzogs Friedrich Franz III., mit Seiner Kaiserlichen und Königlichen Hoheit dem Kronprinzen des Deutschen Reiches und von Preußen Unsere getreue Ritter- und Landschaft auf dem diesjährigen Landtage zu Malchin Unserer landesherrlichen Proposition gemäß, nach Maßgabe des Artikels 11 des landesgrundgesetzlichen Erbvergleichs und unter Berücksichtigung der Bestimmung in Artikel 5 der Vereinbarung vom 21. Januar 1897 wegen Aufnahme der Stadt Wismar in den landständischen Verband, sich zur Erlegung der Prinzessinsteuer von 20000 Rthlr. N² 70000 Mk. zuzüglich der von der Stadt Wismar für sich und ihre Kämmerei- und städtischen Hebungsgüter aufzubringenden

73

die Art, sich in Gesellschaften zu bewegen. Von ihrem zukünftigen Mann hatte sie bisher ein nur unvollständiges Bild gewonnen, während sie dem Kaiserpaar bereits in Kiel und Bad Homburg begegnet war. Von seinen Söhnen kannte sie lediglich Adalbert, den sie ebenfalls in Kiel gesehen hatte. Zum ersten und für Cecilie so folgenreichen Zusammentreffen mit Wilhelm war es dagegen erst während der Hochzeit ihres Bruders Friedrich Franz und Alexandras im Juli 1904 gekommen. Der eben 22-jährige Prinz fiel ihr sogleich durch seine schlanke Gestalt, die hellen Augen und das scharf geschnittene Profil auf. Seine Liebe zum Sport, zum Reiten und Tennisspielen gab er mit seiner etwas auffallenden, nach englischem Muster gefertigten Kleidung zu erkennen. Was aber Cecilie nicht bekannt gewesen sein dürfte, war das zeitweise stark belastete Verhältnis zwischen Vater und Sohn und Wilhelms Versuche, sich über die engen Grenzen der ihm vom Kaiser verordneten Prinzenerziehung hinwegzusetzen.

Den ersten Unterricht hatten Wilhelm und sein um ein Jahr jüngerer Bruder Eitel Friedrich bei Hauslehrern erhalten. Dann besuchten sie bis

Auf Allerhöchsten Befehl Ihrer Kaiserlichen und Königlichen Majestäten
beehrt sich der unterzeichnete Ober-Hof- und Haus-Marschall
den Kaiserlich Türkischen Oberstleutnant
Herrn Ali Bey
zur Gala-Tafel am 4ten Juni 1905 um 8 Uhr
im Weissen-Saale des Königlichen Schlosses zu Berlin
einzuladen
Eulenburg
Ueber Anzug pp. umstehend

zum Abitur die eigens für sie bei der Plöner Kadettenanstalt eingerichtete Prinzenschule. Mehr als der Unterricht kam der Militärdienst beim 1. Garderegiment zu Fuß den Neigungen des Kronprinzen entgegen; er prägte ihn für die Zukunft. Trotzdem besuchte er, wie schon der Vater und der Großvater, die Universität in Bonn. Doch auch dort brachte er für die Wissenschaften ein nur geringes Interesse auf, während er dem Zauber rheinischer Herrlichkeit und Lebenslust vollständig erlag. Als Hauptmann zu seinem Regiment zurückgekehrt, führten ihn einige Reisen an deutsche und auswärtige Fürstenhöfe. Er fand Zugang zu verschiedenen gesellschaftlichen Kreisen, pflegte Kontakte zu Künstlern und Schriftstellern und ging bei seinen Auftritten nicht selten bis an die Grenzen der ihm durch Geburt und gesellschaftliche Stellung auferlegten Rücksichten und Vorschriften. Das galt auch für seinen ebenso vielschichtigen wie charmanten Umgang mit Frauen. Die Eindämmung und Absperrung auf diesem Gebiete erschienen ihm, so urteilte er rückschauend, als Unnatur; die letzte Wurzel mancher Irrung, die in den Ehen fürstlicher Familien vorgekommen sei, ruhe in dieser fanatischen Fernhaltung alles weiblichen Umganges zu einer Zeit, in der gesunde Jugend sich geben und erlösen wolle. So gesehen, blieb er nicht nur im äußeren Erscheinungsbild lange jugendlich.

Die Hochzeit des Kronprinzenpaares sollte vom 4. bis 6. Juni des Jahres 1905 nach dem Brauch der Hohenzollern-Familie in Berlin stattfinden. Friedrich Franz IV. von Mecklenburg forderte unter Berufung auf jahrhundertealte Gewohnheiten und einen Erbvergleich zwischen dem Herzog und den Landständen in der Fassung von 1621 eine Prinzessinsteuer ein und veröffentlichte dieses Neben-Kontributions-Edikt am 22. Dezember 1904 im Regierungsblatt des Großherzogtums (siehe Seite 8). Es sollte das letzte Mal sein, dass ein deutscher Fürst seine Stände zu einer Heiratssteuer verpflichtete, auf die in Preußen die Könige Friedrich Wilhelm III. (1822) und Wilhelm I. (1865) längst verzichtet hatten. Immerhin kamen 1905 über 20 000 Reichstaler aus der mecklenburgischen Heiratssteuer zusammen, die der Braut als Teil ihrer Mitgift zuflossen.

Mit dieser Hochzeit setzte sich die Reihe der zwischen den Häusern Hohenzollern und Mecklenburg seit dem 16. Jahrhundert geschlossenen Eheverbindungen fort, unter denen die der Tochter Albrechts von Preußen,

Das junge Paar.

Anna Sophia, und Johann Albrechts von Mecklenburg (1555) aus besonderem politischen Anlass zustande gekommen war. Im 18. Jahrhundert verdichteten sich die preußisch-russisch-mecklenburgischen Beziehungen, als der spätere Erbgroßherzog Friedrich Ludwig 1799 eine Tochter Zar Pauls I. zur Ehe nahm; 1822 heiratete ihr Sohn Paul Friedrich Alexandrine von Preußen, die jüngere Schwester des späteren Königs und Kaisers Wilhelm I., während dessen ältere Schwester Charlotte (Alexandra Feodorowna) als Gemahlin des Großfürsten Nikolaus nach St. Petersburg zog. »Die Söhne der Prinzessinnen Charlotte und Alexandrine, nämlich Großfürst Michael Nikolajewitsch und Großherzog Friedrich Franz II., sind meine Großväter geworden, so dass ich durch meine beiden Urgroßmütter von der Königin Luise abstamme«, beschrieb Cecilie das verwandtschaftliche Geflecht der Familien. Daran erinnerte auch Friedrich Franz IV. während des Galadiners für das Brautpaar im Goldenen Saal des Schweriner Schlosses, als er den Kronprinzen im Namen seines Hauses und Landes willkommen hieß: »In einem solchen Momente werden unsere Gedanken vor allem zurückgelenkt zu den teuren Familienmitgliedern, die nicht mehr unter uns weilen, und wir müssen heute bewegten Herzens daran denken, mit welcher innigen Freude Seine Majestät der hochselige Kaiser Wilhelm es begrüßt haben würde, dass der Urenkel die gemeinschaftliche Urenkelin seiner beiden geliebten Schwestern, Kaiserin Alexandra Feodorowna und Großherzogin Alexandrine, zum Lebensbunde heimführen soll.« – »Sie werden mit ihr zufrieden sein und das Land auch. Die junge Prinzessin Cecilie hat mehr Welt und weiteren Horizont als die meisten deutschen Prinzessinnen. Dabei aber wird sie von keiner mir bekannten deutschen Prinzessin an Herz und Charakter übertroffen«, fasste die kluge Großherzogin Luise von Baden ihr Urteil zusammen.

Die vom Hofprotokoll präzise vorbereitete viertägige Hochzeitsfeier begann am Vormittag des 3. Juni 1905 mit der Ankunft der Braut und ihrer Mutter auf dem Lehrter Bahnhof in Berlin, von wo aus sie zum Schloss Bellevue geleitet und vom Kaiser, von der Kaiserin, dem Kronprinzen und den Verwandten begrüßt wurde. Unter dem Motto »Berlin streut Rosen« hatte die Stadt die Straßen mit Girlanden und Blumengebinden geschmückt. Die von Salutschüssen und Glockengeläut begleitete Fahrt mit der von acht Rappen gezogenen Brautkarosse durch das Brandenburger Tor und die Straße Unter den Linden zum Schloss glich einem Triumphzug. Beim Eintreffen des Galawagens vor dem

Berlin: Brautgalawagen mit Cecilie.

Schloss begrüßte der Kronprinz seine Braut, indem er ihr auf dem Schlosshof die Ehrenkompanie vorführte. Nach dem Vollzug der Ehepakte begab sich die Gesellschaft zur Familientafel, zu der sich neben den Mecklenburgern auch die russischen Verwandten der Brautmutter Anastasia eingefunden hatten. Der folgende Tag begann mit einem Gottesdienst im Dom am Lustgarten, dessen Mittelpunkt die Ansprache des Oberhofpredigers Dryander über den Text »Einer trage des anderen Last« bildete. Niemand konnte wissen, welch eine tiefe Bedeutung dieses Wort einmal für Cecilies späteres Leben haben sollte. Mit einem Diner im Weißen Saal des Schlosses und einem Fackelzug der Berliner Studenten klang dieser Tag aus. »Man mag in einer Zeit wie der jetzigen, die den Begriff der neuen Sachlichkeit auf den Schild gehoben hat, vielleicht über Hofgebräuche und Hofgepränge lächeln«, bemerkt Cecilie in ihren »Erinnerungen«. Die Berliner Hoffeste seien zwar vornehm und würdig, auch prächtig, aber niemals verschwenderisch gewesen. »Peinlichste Sparsamkeit im Alltagsleben ermöglichte es, dass bei besonderen Gelegenheiten ein gewisser Aufwand getrieben werden konnte.«

PRINZ AUG·WILHELM
PRINZ ADALBERT
KRONPRINZESS·
CÄCILIE
KRONPRINZ
WILHELM
KAISERIN
AUG·VIKT·
KAISER
WILHELM

Die kaiserliche Familie im Jahre 1906.

Der »Polterabend« am dritten Tag gab Abordnungen von Vereinen und Korporationen Gelegenheit, dem Brautpaar Glückwünsche und Geschenke zu überbringen. Seinen Höhepunkt fand der Abend mit einer Galavorstellung in der Königlichen Oper, wo unter der Leitung der Dirigenten Karl Muck und Richard Strauss der 1. Akt aus Richard Wagners »Lohengrin« und der 3. Akt aus seinen »Meistersingern« erklangen. Dieses Programm dürfte auf den Wunsch der Braut zurückgehen, die zeit ihres Lebens eine begeisterte Anhängerin Wagnerscher Musik war und später zum Besucherkreis der Bayreuther Festspiele gehörte. Der eigentliche Hochzeitstag aber war der 6. Juni. Während Cecilie den Vormittag noch im Kreise ihrer engsten Familie verlebte, begann nach dem Mittagessen das große Ankleiden mit dem schweren Gewand aus Silberbrokat und der langen Schleppe, die von vier Damen getragen werden musste. Im Chinesischen Kabinett des Schlosses schmückte die Kaiserin mit eigener Hand ihre Schwiegertochter mit der Prinzessinnenkrone und den historischen Juwelen, die auch sie bei ihrer Hochzeit getragen hatte. Nach der standesamtlichen Trauung im Kurfürstenzimmer segnete Oberhofprediger Dryander das Brautpaar in der Schlosskapelle ein und gab ihm das Wort auf den Weg: »Wo du hingehst, da will ich auch hingehen, wo du bleibst, da bleibe ich. Dein Volk ist mein Volk, und dein Gott ist mein Gott.« Nach Gebet, Vaterunser und Segen war die heilige Handlung beendet: Cecilie gehörte jetzt, wie sie schreibt, dem geliebten Manne und dem Preußischen Königshause an. In einer langen Defiliercour im Weißen Saal nahmen Wilhelm und Cecilie die Glückwünsche der Gäste entgegen. Während des anschließenden Festmahls begrüßte der Kaiser seine Schwiegertochter noch einmal förmlich in seinem Hause und in seiner Familie und wünschte dem jungen Paar Glück für den eigenen Hausstand. Zu den Traditionen der Hohenzollern-Hochzeiten gehörte der von Braut und Bräutigam eröffnete Fackeltanz im Weißen Saal, ein Umzug in der Art einer Polonaise, mit dem die Gesellschaft das Paar in die Brautkammer geleitete. Hier wurde Cecilie von der Prinzessinnenkrone und dem schweren Brautkleid befreit: »Wir atmeten auf, als wir nach all den anstrengenden Festlichkeiten in der idyllischen Stille und Abgeschiedenheit von Hubertusstock anlangten, um dort dem großen Glück unserer jungen Ehe zu leben. Tiefe Dankbarkeit gegen Gott, der uns zusammengeführt hatte, erfüllte unser Herz.«

Das Marmorpalais, um 1914.

Erste Ehejahre in Potsdam

Zum Wohnsitz war dem Kronprinzenpaar das am See gelegene Marmorpalais König Friedrich Wilhelms II. im Neuen Garten in Potsdam zugewiesen worden, wo auch Wilhelm II. und Auguste Victoria in den ersten Jahren ihrer Ehe gelebt hatten. Diese Idylle inmitten alter Bäume und Blumenanlagen, abgeschirmt von der Neugier der Öffentlichkeit, schien aufs beste geeignet, das Zusammenleben der Jungvermählten zu üben und die Interessen und Lebensweisen beider in Einklang zu bringen. Cecilies Hofstaat war nicht groß: Ihm gehörten die Oberhofmeisterin Rose Freifrau von Tiele-Winckler, die Hofdamen Gräfin Walpurgis zu Dohna-Schlobitten und Else Pauline von Helldorf, die Kammerfrau von Sodenstjerna, der Kammerherr Graf von Bismarck-Bohlen und die Leibpagen Ernst Graf von Grote und Jordan Freiherr von Esebeck an. Graf Bismarck-Bohlen oblagen zugleich die Schatullverwaltung und die Leitung der Privatkanzlei. Die Aufgaben des Leibarztes übernahm Stabsarzt Dr. Keller. Der Umgang mit ihrem Hofstaat scheint der in diesen Dingen noch unerfahrenen Kronprinzessin gelegentlich Schwierigkeiten bereitet zu haben. So findet sich in den Akten des Preußischen Geheimen Zivilkabinetts ein am 3. August 1906 datiertes Rücktrittsgesuch der Oberhofmeisterin von Tiele-Winckler an den Kaiser, in dem sie ihre Absicht damit begründet, dass es ihr nicht gelungen sei, das Vertrauen der jungen Herrschaften zu erwerben. Sie werde als Fremde behandelt und erhalte niemals den Zutritt zu ihrer Herrin, vom allgemeinen abendlichen Kreise abgesehen. Auch habe sie kaum jemals die Freude gehabt, zur Unterhaltung der hohen Wöchnerin mit beizutragen. »Ew. Majestät, ich kann es der Frau Kronprinzessin gewiss nicht verargen, wenn Hochdieselbe andere lieber um sich sieht als mich, aber dann kann ich auch nicht bleiben.« Vielleicht seien die kronprinzlichen Herrschaften noch zu jung, um nachfühlen zu können, »wie tief verletzend und schmerzlich die mir zuteil gewordene Behandlung war«. Der Kaiser traf sicher den richtigen Ton, als er ihr antwortete, dass er auf ihr Bleiben Wert lege und

Der Große Saal im Obergeschoss des Marmorpalais, um 1930.

Die Südwestseite des Marmorpalais, 2003.

sie selbst das aufgetretene Missverhältnis nicht in dem bösen Willen, sondern in der Jugend und Unerfahrenheit des Kronprinzenpaares sehen möge, das ihn ihres unveränderten Wohlwollens für ihre Person versichert hätte. So änderte sich an der personellen Zusammensetzung des Hofhaltes vorerst nichts. Wie sie in ihren Erinnerungen erwähnt, lernte Cecilie das »vornehme und gewinnende Wesen« ihrer Oberhofmeisterin im Laufe der Zeit durchaus schätzen: »Ich schloss mit ihr bald aufrichtige Freundschaft, die allen Zeitenwandel bis auf den heutigen Tag überdauert hat.«

Im Juli 1906, ein Jahr nach ihrer Hochzeit, schenkte Cecilie einem Sohn das Leben. Er erhielt nach seinem Vater und seinem Großvater den Namen Wilhelm. Schon als Kind zeigte er offenkundige Freude an allem Militärischen und schien damit den auf einen Preußenprinzen gesetzten Erwartungen vollauf zu entsprechen. Die Familie vergrößerte sich rasch: 1907 wurden Louis Ferdinand, 1909 Hubertus und 1911 Friedrich geboren. Längst bot ihr das Marmorpalais nicht mehr den erforderlichen Platz. Pläne für den Bau eines Kronprinzenschlosses im Neuen Garten gab

Cecilie mit Wilhelm, ihrem Erstgeborenen, Postkarte um 1907.

es seit 1909, ohne dass sie vorerst konkrete Formen annahmen. Vor der Geburt ihres ersten Kindes hatte Cecilie den Kaiser gebeten, einige Veränderungen im Marmorpalais vornehmen zu dürfen. So wünschte sie, das zukünftige Kinderzimmer mit anderen Tapeten (»Wandpapieren«) ausstatten zu dürfen: »Selbstverständlich würden die Kosten von uns bestritten werden.« Cecilies Brief schließt überaus diplomatisch: »Du würdest mir eine große Freude machen, denn die Vorbereitungen für Dein zukünftiges Enkelkind machen mir viel Spaß.« Doch alle Verschönerungen behoben nicht den zunehmenden Platzmangel. Bei der Durchsicht der Pläne für das Kronprinzenschloss entschieden sich Wilhelm und Cecilie jedoch gegen die Entwürfe des Direktors der Schlossbaukommission Albert Geyer und für die moderne Lösung des Architekten Paul Schultze-Naumburg. Dieser hatte ihnen ein niedriges, aus mehreren versetzten Teilen bestehendes Fachwerk-Gebäude im englischen Landhausstil vorgeschlagen. Die Abkommandierung des Kronprinzen nach Danzig 1911 und der Umzug der Familie verzögerten indessen den

Beginn der Bauarbeiten, so dass »Cecilienhof« erst in den Kriegsjahren bezugsfertig wurde.

1910 erlaubte der Kaiser dem Kronprinzen eine aus politischen Gründen offiziell nur als »rein private Studienreise« bezeichnete Fahrt in den Orient. Cecilie, die die Freude am Reisen mit ihrem Manne teilte, begleitete ihn bis Ceylon und fuhr von dort nach Ägypten, während er in Indien nun doch als Vertreter des Deutschen Reiches begrüßt wurde. Obwohl er eine Fortsetzung seiner Reise nach China beabsichtigte, musste er sich für ihren unvorhergesehenen Abbruch entscheiden, nachdem ihn Nachrichten über die Ausbreitung der Pest in der Mandschurei erreicht und der Kaiser ihm überdies seine Sorge zu verstehen gegeben hatte, dass ein weiterer Aufenthalt im britischen Interessengebiet unerwünschte Auswirkungen in England haben könnte. Bis zur Rückkehr ihres Mannes verbrachte Cecilie anregende und erlebnisreiche Wochen am Nil. Auf Ausflügen nach Luxor und Abu Simbal begegneten ihr die steinernen Zeugen der großen Vergangenheit dieses Landes. Sie wünschte aber auch das moderne Ägypten kennen zu lernen und besichtigte die

Prinz Wilhelm im Alter von drei Jahren, Postkarte von 1909.

evangelische Kirche und das Krankenhaus der Kaiserswerther Schwestern in Kairo. Ihr Programm wurde in der deutschen Presse ausführlich behandelt und der Empfang beim Khediven und seiner Frau als wichtiges Ereignis gewürdigt. Anfang März 1911 traf Wilhelm wieder in Ägypten ein. Gemeinsam unternahmen sie Ausflüge und Besichtigungen. Beide genossen das gesellschaftliche Leben in Kairo, wo sich zu gleicher Zeit auch das belgische Königspaar, der König von Sachsen und Ruprecht von Bayern mit seiner Gemahlin aufhielten. In Korfu unterbrach das Kronprinzenpaar seine Rückfahrt, um mit den kaiserlichen Eltern und der Prinzessin Viktoria Luise zusammenzutreffen. Anschließend begaben sich Wilhelm und Cecilie nach Rom und Wien und kehrten endlich nach immerhin fünfmonatiger Abwesenheit im April nach Potsdam zu ihren Kindern zurück. 1911 war ein Reisejahr; denn schon im Mai besuchten sie die Zarenfamilie in Zarskoje Selo und im Juli das Königspaar in London anlässlich der Krönung Georgs V. in der Westminster Abbey.
Zu einer geplanten Afrika-Reise kam es aus Kostengründen dann nicht mehr. Mit der Ernennung Wilhelms zum Kommandeur des in Danzig stationierten »schwarzen« 1. Leibhusaren-Regiments begann im September 1911 ein neues Kapitel im Leben der Kronprinzessin.

Danzig-Langfuhr

»Ich habe dieses bevorzugte Regiment ausgesucht, damit es der zukünftige Erbe der Krone Preußens und des Deutschen Reiches als Reiterführer befehlige« – mit diesen Worten übergab Kaiser Wilhelm II. seinem Sohn das traditionsreiche 1. (preußische) Leibhusaren-Regiment, dessen Stiftung 1741 auf Friedrich den Großen zurückging und das sich in den Befreiungskriegen durch besondere Tapferkeit ausgezeichnet hatte.
Die Versetzung nach Danzig löste bei Wilhelm, aber auch bei Cecilie zunächst keine Freude aus. Beide bezeichneten jedoch später die gemeinsamen Jahre fernab von Berlin als die glücklichsten ihres Lebens:
»Wir wohnten in einer kleinen Villa, die kaum den nötigsten Raum bot für meine damals schon recht ansehnliche Familie«, schrieb der Kronprinz. »Wir haben uns aber doch recht behaglich eingerichtet und führten ein harmonisch-glückliches Leben.« Dem verkleinerten Hofstaat Cecilies gehörten die Oberhofmeisterin Gabriele von Alvensleben, die Hofdame Maria Gräfin von Wedel, der Kammerherr von Behr, wie seine Amts-

Am Ostseestrand, Postkarte 1914.

Die Prinzen Friedrich, Hubertus, Louis Ferdinand und Wilhelm, Postkarte von 1914.

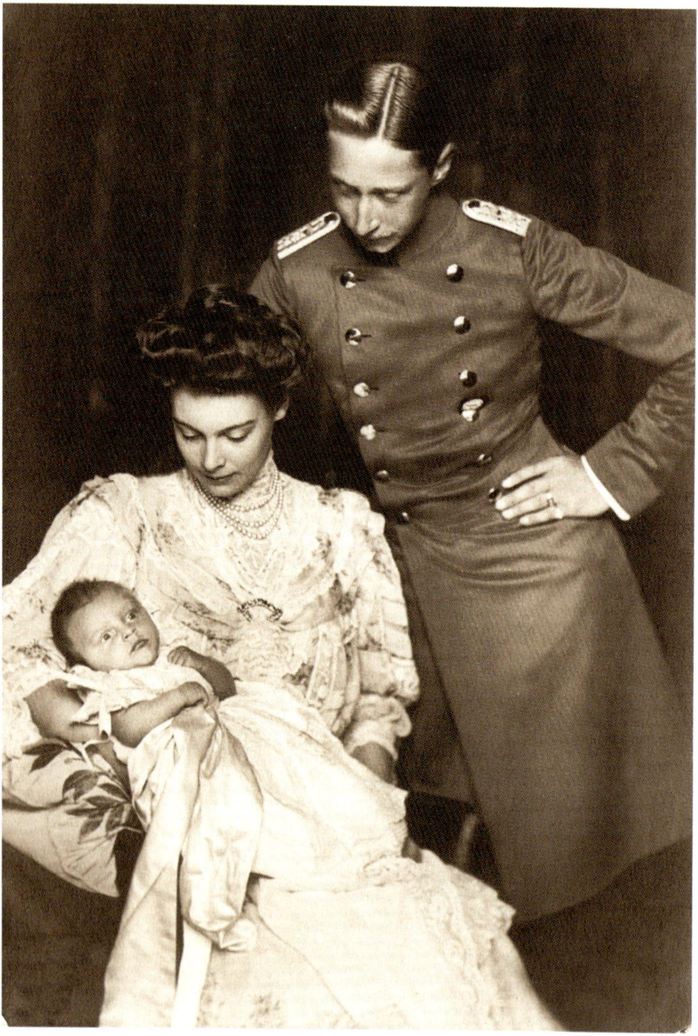

Das kronprinzliche Paar mit dem Erstgeborenen, Postkarte von 1906,

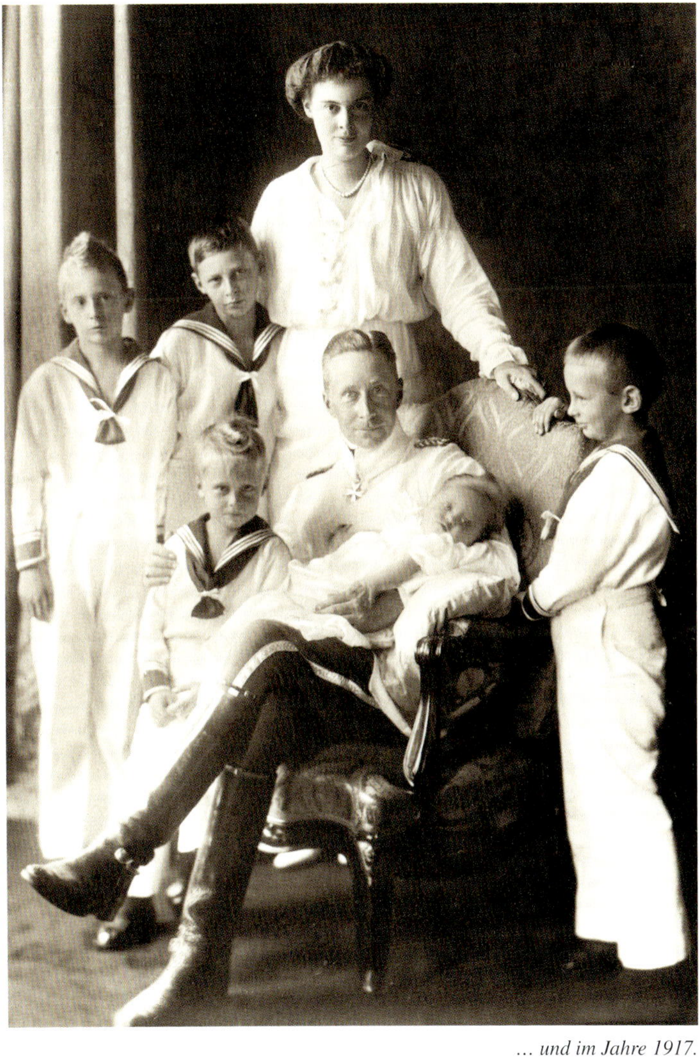

… und im Jahre 1917.

vorgänger zugleich Verwalter der Schatulle, sowie zwei Leibpagen an. Mehr als es ihr in Potsdam möglich gewesen war, widmete sich die Kronprinzessin in Langfuhr ihren Kindern. Sie fotografierte sie beim Spielen am Strand oder im Wald und gestattete auch Danziger Fotografen, sie zu beobachten und Aufnahmen von ihnen zu machen. So entstanden ganze Bilder-Serien, die der Danziger Verleger Burau unter dem Titel »Die kronprinzlichen Kinder in Danzig-Langfuhr« sogar als Album herausbrachte. Cecilie genoss die klare Luft, den Blick auf das weite Meer und wurde nicht müde, das Flimmern des Lichtes auf den Wellen zu beschreiben. Als Wilhelm im Dezember 1913 nach Berlin zurückbeordert wurde, um fortan im Großen Generalstab zu arbeiten, notierte sie in ihr Tagebuch: »Am 13. schrecklicher Tag. Versetzung in den Generalstab nach Berlin. Große Verzweiflung. Die nächsten Tage sehr hübsch in Danzig, weil alle Leute ebenso traurig waren wie wir. Aber der Abschied wird uns doch sehr, sehr sauer.« Noch einmal besuchte sie alle ihr lieb gewordenen Stätten: »... gerade umgekehrt, wie das erste Mal im Oktober 1911. Damals stand ich vor einem Kapitel meines Lebens, das unendlich reich werden sollte, ein Kapitel, dessen Inhalt

Der Kronprinz mit seinen Brüdern Eitel Friedrich und August Wilhelm und ihren Gemahlinnen, Postkarte um 1914.

seine Wirkungen auf mein Leben wie ein helles Licht geworfen hat, das in die Tiefen drang, und wenn auch Wolken auf dieses Licht fielen, so blieb doch das Licht bestehen.«

In Potsdam bezog das Kronprinzenpaar mit den Kindern wieder das Marmorpalais, das Cecilie nunmehr »wie in Langfuhr« ausgestattet haben wollte. Aber trotz des einbrechenden Frühlings, der freundlichen Aufnahme in der Heimat und in der Familie und der liebevollen Fürsorge der Kaiserin fiel ihr das Einleben schwer. »Ich kann mir noch nicht vorstellen, sich in Potsdam für ganz niederzulassen, Potsdam ist mir so schrecklich kleinlich, was Natur und Leben darin betrifft«, schrieb sie am 23. Mai 1914. Und vier Tage später: »Ich komme her wie auf Besuch. Die Natur ist mir hier so klein, so gekünstelt, dass es mir sehr schwer werden wird, mich ›for good‹ hier wieder einzurichten. Es ist keine Natur, es ist Park, kleiner Wald, wo die Menschen aber schon beklemmend nahegerückt sind und jedem Baum missgönnen, dass er noch steht. Da ist keine Brandung durchgegangen, kein Wind, der einen bis auf die Knochen durchweht. Das alles beklemmt einen wie ein gefangener Vogel, der von seinen Wipfeln mit freiem Himmel träumt.« In ihrer Sehnsucht nach Langfuhr mit seiner freien Lage am Rande der Ostsee richteten sich Cecilies Gedanken bald wieder auf das »neue Haus«, das einmal nach ihr »Cecilienhof« genannt werden würde. Dabei sollte seine Einrichtung auch an fremdartige Schönheiten anderer Länder erinnern: »Man kann ferne süße Musik aus Indien wieder laut werden lassen – man kann die frische Seebrise in Bildern und sonstigen frohen Erinnerungen wachrufen und durch die Räume wehen lassen. Die Kunst ist ja, dass man selber ein Teil dieser Seebrisen ist oder der Waldluft oder der Wolken, die abends am Himmel ziehen der Sonne zu. Die Sonne, die muss man einlassen, die strahlende, verklärende Sonne, welche die trüben Tage hindurch dank ihrer Kraft durchleuchtet.«

Krieg und Nachkriegsjahre

Der Beginn des Krieges machte alle Wünsche und Träume der Kronprinzessin zunichte. Mit Ängsten hatte sie das neue Jahr kommen sehen: »Wie wird 1914? Kann man das wieder gutmachen, was wie 1913 in die Brüche ging?« heißt es in einer überraschend einsichtsvollen, wennschon vorsichtigen Tagebuchnotiz, wohl mit dem Blick auf das Wettrüsten in Europa, vielleicht aber auch im Gedanken an die dem Kronprinzen angelastete Verstimmung im Elsass, die als »Zabern-Konflikt« Aufsehen erregte. Ihren Sommerurlaub 1914 verlebte die Familie noch einmal an der Ostseeküste in ihrem Zoppoter »Haus am Meer«. Erst am 30. Juli kehrte Wilhelm nach Berlin zurück, wo die Kriegsvorbereitungen schon in vollem Gange waren. Am 1. August wurde er entsprechend den Mobilmachungsplänen trotz seiner Jugend zum Oberbefehlshaber der 5. Armee ernannt, am 3. August begab er sich nach Saarbrücken zu seinem Hauptquartier. Mit ihren Söhnen, dem nun achtjährigen Wilhelm, dem siebenjährigen Louis Ferdinand, dem fünfjährigen Hubertus und dem erst dreijährigen Friedrich, bezog Cecilie vorerst das Kronprinzenpalais Unter den Linden in Berlin. 1915 wurde ihre Tochter Alexandrine (»Adini«) geboren. Dass dieses Kind nicht gesund war und im Vergleich mit den Brüdern und der zwei Jahre jüngeren Schwester Cecilie (»Cecilchen«) in ihrer geistigen Entwicklung immer ein wenig zurückblieb, erwähnt die Kronprinzessin in ihren Memoiren nicht. Die Bilder und Briefe der Kronprinzen-Kinder vermitteln vielmehr den Eindruck, dass die kleine Alexandrine ganz selbstverständlich im Kreise ihrer Geschwis-

Einkaufsbummel in Potsdam, Postkarte um 1914.

Postkarte um 1915.

ter aufwuchs, reiten lernte und Tennis spielte und vor allem in ihren künstlerischen Fähigkeiten gefördert wurde.

Schon im August 1914 wandte sich die Kaiserin Auguste Victoria in Aufrufen an Frauen und Mädchen, bei der Bewältigung der kriegsbedingten Probleme nach Kräften zu helfen. Sie organisierte die Besuche ihrer Schwiegertöchter in Krankenanstalten und wies auch Cecilie mehrere Lazarette für eine besondere persönliche Fürsorge zu: das Augusta-Hospital, das Garnisonlazarett und das Kriegervereinshaus in Berlin, das Lazarett in Bernau und das Erholungsheim in Biesenthal. Im Kronprinzenpalais richtete Cecilie eine »Nähstube« ein, wo Offiziersfrauen der Armee und der Marine zum Anfertigen von Verbandszeug und Lazarettanzügen zusammenkamen. Schloss Oels in Schlesien verwandelte sie in ein Lazarett, das bis 1919 bestehen blieb. Als Schirmherrin des Königin-Luisen-Bundes, Vorsitzende des niederschlesischen Verbandes des Vaterländischen Frauenvereins vom Roten Kreuz und Ehrenvorsitzende des Gesamtvereins vom Roten Kreuz gab sie Anregungen zu tätiger Hilfe. Im Mittelpunkt ihrer karitativen Arbeit aber stand die »Cecilienhilfe«. Sie unterstützte Bedürftige, die ihre Not nicht öffentlich

Der Kronprinz in Frankreich, Postkarte um 1915.

preiszugeben wagten und sich in ihrer Bedrängnis direkt an die Kronprinzessin wenden durften. Zum Besten ihrer »Cecilienhilfe«, aber auch zugunsten anderer wohltätiger Vereine leistete die Kronprinzessin eine sehr modern anmutende Öffentlichkeitsarbeit, indem sie beispielsweise Postkarten mit fotografischen Aufnahmen ihrer Kinder in großer Auflage anfertigen und vertreiben ließ. In weiten Kreisen der Bevölkerung, auch bei Gegnern der Monarchie, fand sie Zuspruch und Unterstützung, so dass sie sich immer wieder ermutigt und bestätigt fühlte.

In den vier Kriegsjahren trug Cecilie die Verantwortung für ihre Kinder allein. Was an der Front geschah, erfuhr sie allenfalls aus offiziellen Nachrichten oder aus den knappen Berichten des Kronprinzen, der seine Heeresgruppe im blutigen Stellungskampf vor Verdun kommandierte. Zu politischen Ereignissen äußerte sie sich jedoch nicht, zumal sie wohl die Auffassung ihres Mannes als grundsätzlich richtig empfand, seine Frau habe sich von jeder politischen Betätigung fern zu halten, sie solle ihm nicht weniger, aber auch nicht mehr als eine urteilsfähige Kameradin sein: »So bin ich in jenen Jahren dem Verständnis der großen Weltkonstellationen durch Gedankenaustausch, Lektüre und eigene Beobachtung näher gekommen, ohne je die Rolle einer politischen Frau spielen zu wollen.« Ihre tiefe Trauer über die Ermordung Zar Nikolaus II. und seiner Familie fasste sie erst sehr viel später in Worte. Die Nachricht von der Abdankung Wilhelms II. erreichte sie im Potsdamer Neuen Palais, das die Kaiserin unter den herrschenden politischen Umständen am Ende des Krieges für sicherer hielt als das Schloss Cecilienhof. Aber im Gegensatz zu Auguste Victoria, die sich dann entschloss, dem Kaiser ins holländische Exil zu folgen, sah Cecilie für sich und ihre Kinder nur eine Möglichkeit: »Wir sind Deutsche, und wir haben die glücklichen Jahre im Vaterland verlebt; jetzt wollen wir auch die Not teilen.« Während der Kronprinz nach seinem Verzicht auf alle Rechte an der Krone Preußens auf unbestimmte Zeit im Exil auf der holländischen Insel Wieringen lebte, wählte sie zunächst Cecilienhof zu ihrem Wohnsitz, wo sie »von einer Woche zur anderen« auf eine Besserung ihrer materiellen Lage und eine Klärung der Vermögensverhältnisse hoffte. Die Söhne Wilhelm und Louis Ferdinand besuchten auf ihren Wunsch das Potsdamer Realgymnasium. Dort sollten die Kinder mit verschiedenartigen Menschen zusammenkommen und lernen, »sich in das Denken anderer hineinzufühlen«.

Beim Eingang zum Schloss Cecilienhof standen seit der Revolution 1918 keine Wachen mehr, auch hatte man die Kronen an den Wagen abmontiert. Zunehmend stellte sich Cecilie den Fragen nach den Ursachen des Krieges, der Stellung des Kaisers in der europäischen Politik und schließlich auch denen nach der Zukunft des Kronprinzen. Es war gleichsam über Nacht still um sie geworden. Trotzdem kann man sie sich in Tränen und Klagen nicht vorstellen. Sie war eher eine starke Frau, weil sie über zeitlose Maßstäbe und Grundsätze verfügte. Cecilienhof, dessen Bau sie so sehr erwartet und an dessen Einrichtung sie mitgewirkt hatte, erschien ihr jetzt zu groß, kalt, leer und unbenutzt. Unklar war ihr auch, ob sie hier bleiben oder nach Schloss Oels, dem schlesischen Besitz des Kronprinzen, umziehen sollte. Solange jedoch nicht entschieden war, über welches Vermögen die Hohenzollern würden verfügen

Der Kronprinz im Exil erhält Besuch: Cecilie mit ihren Söhnen, Postkarte um 1920.

dürfen, scheute sie sich, zwischen beiden Schlössern zu wählen und nahm ihr Wohnrecht bis zu einer Lösung sowohl in Cecilienhof als auch in Oels wahr.

1923 kehrte der Kronprinz nach mehr als neunjähriger Abwesenheit zu seiner Familie zurück. Cecilie und die Söhne hatten ihn zwar mehrmals in Wieringen besucht, die beiden Töchter aber sahen ihren Vater zum ersten Male. Die lange Trennung hatte Wunden geschlagen, die so rasch nicht wieder vernarben sollten. Während Wilhelm in der großen Einsamkeit der »schlafenden Insel Wieringen« in der Zuidersee während der unendlich erscheinenden Zeit des Wartens Erinnerungen an Versunkenes, Berichte über sein eigenes Tun, Wollen und Unterlassen niederschrieb und sich dabei auch mit der Rolle seines Vaters vor dem Kriege und während des Kriegsgeschehens auseinander setzte, bewährte sich Cecilie als Mittelpunkt der Familie. Sie hatte die Kinder erzogen, Verantwortung getragen und mit den Behörden um ihre finanzielle Sicherstellung gerungen. Nach diesen Erfahrungen ließ sie sich nach der Rückkehr ihres Mannes das »Matriarchat« nicht wieder aus der Hand nehmen. Die Kinder wuchsen heran: Wilhelm, Louis Ferdinand und Friedrich be-

*Der Enkel des letzten Kaisers, Louis Ferdinand, war als Nachfolger des Kronprinzen seit 1951 bis zu seinem Tode 1994 Chef des Hauses Hohenzollern. Sein Nachfolger wiederum wurde sein Enkel Prinz Georg Friedrich Ferdinand (*1976).*

standen in Potsdam das Abitur und begannen mit dem Studium. Hubertus besuchte die Schule in Oels, vertiefte seine Kenntnisse in einem Schweizer Institut und wurde diplomierter Landwirt. Die Töchter Alexandrine und Cecilie wurden zunächst von Hauslehrern unterrichtet. Während die junge Cecilie ihre schulische Ausbildung im Internat des Klosters Stift zum Heiligengrabe fortsetzte und abschloss, blieb Alexandrine bis zu ihrem Umzug an den Starnberger See in der Obhut ihrer Mutter. Dem Großvater schrieb sie in kindlicher Zuneigung Ende der dreißiger Jahre nach Doorn, dass sie mit ihrer Freundin und den Tieren zufrieden in ihrem Häuschen im Walde wohne.

Als Louis Ferdinand 1913 in Danzig-Langfuhr seinen sechsten Geburtstag feierte, notierte Cecilie in ihr Tagebuch: »Er hat ihn sehr vergnügt verbracht, nachdem er gestern unartig war und bestraft werden musste. Aber heute war er so lieb, ein Sonnenschein. – Der Arme, er kann sich nicht beherrschen, und er *muss* es doch lernen, es wird ihm so viel ersparen ...« Diese Äußerung weist auf einen bemerkenswerten Zug im Wesen der Kronprinzessin hin. Wirkte sie mitunter unnahbar und kühl, so entsprach diese Haltung einer lange geübten Selbstbeherrschung.

So ist es nicht leicht, einen Zugang zu ihrer tatsächlichen Gedankenwelt zu finden. Die Selbstbeherrschung half ihr, Gefühle zu verbergen und Enttäuschungen und Traurigkeit zu verdrängen. Allenfalls dem auch nur gelegentlich geführten Tagebuch vertraute sie sich an. Dabei liebte sie es, ihre Stimmungen in Bilder zu kleiden, wenn sie etwa von schlechten Tagen als von den Wolken spricht, die sich über das Licht der Sonne gelegt hätten. Cecilie hatte lernen müssen, die »galanten Passionen« ihres Mannes zu übersehen und als Gattin des Kronprinzen vorbildlich und korrekt aufzutreten. Im Laufe der Jahre aber traten mehr und mehr auch Züge der Unnachsichtigkeit und Härten im Urteil über Menschen hervor, denen sie vordem mit freundlicher Geduld begegnet war. Während der langen Abwesenheit ihres Mannes war sie selbstständig geworden und hatte bewiesen, dass sie über Urteilsfähigkeit und Durchsetzungsvermögen verfügte. So war das Zusammenleben mit ihm fortan für sie wie für ihn ein schwieriger Prozess. Immerhin besserte sich wenigstens die materielle Situation, als nach zähen Verhandlungen über das Vermögen des preußischen Königshauses dem Kronprinzen mit Vertrag vom 29. Oktober 1926 die Schlösser Cecilienhof bei Potsdam und Oels in Schlesien zugesprochen wurden. Dabei galt für Cecilienhof ein lebenslanges Nutzungsrecht auch für die Kinder und Enkel des Kronprinzenpaares, während ihm Oels mit seinem Vorwerk Klein-Ellguth und dem umfangreichen Landbesitz als Eigentum verblieb. Das Schloss bot Raum genug, um getrennt und zusammen-, neben- und miteinander zu leben. Für Cecilie wurde es, wie sie später bekannte, »zur echten Heimat, und hätten die Ereignisse einen anderen Lauf genommen, würde Oels heute mein Witwensitz sein«.

Sobald sich die Sicherung der finanziellen Verhältnisse abgezeichnet hatte, begann Cecilie das nachzuholen, was ihr über ein Jahrzehnt versagt geblieben war: das Reisen. In Begleitung ihres Sohnes Wilhelm fuhr sie nach Teneriffa. Den Aufenthalt Louis Ferdinands in Südamerika nutzte sie, um sich diese Welt zu erschließen. Gemeinsam mit dem Kronprinzen besuchte sie Rom. Sie pflegte die Kontakte zu den vielen ihr nahe stehenden Familien und nahm an den Hochzeitsfeiern ihrer Verwandten in Stockholm und Kopenhagen teil. Immer wieder aber zog es sie in ihre mecklenburgische Heimat, nach Heiligendamm, Ludwigslust oder Gelbensande: »Ich gehe dorthin wie das Kind, das sich nach seiner Mutter Brust flüchtet«, sagte sie bezeichnenderweise. »Sturm brauste über mein inneres und äußeres Dasein, frohe und trübe Ereignisse erschütterten

Cecilie, in der Uniform ihres Dragoner-Regiments, mit ihrer Schwägerin Viktoria Luise, der einzigen Kaisertochter, in der Uniform des 2. Leibhusaren-Regiments. Viktoria Luises Hochzeit in Berlin 1913 mit Herzog Ernst August von Braunschweig, dem Enkel des von Bismarck entthronten Königs von Hannover, war das letzte Fest des Kaiserhauses, bei dem aller Prunk aufgeboten wurde. Postkarte um 1910.

meine Seele, liebe Menschen schieden aus meinem Leben, Reiche barsten auseinander, eine Weltenwende brach über uns herein – Gelbensande blieb mir, Gott sei es gedankt, der altvertraute, heimatliche Friedenshort. Alljährlich hole ich mir dort immer wieder von neuem Kraft für die Aufgaben, die mir vom Schicksal gestellt sind.«

Ihr soziales Arbeitsfeld fand sie in der »Cecilienhilfe«, deren Wiederbelebung 1925 durch einen Verein der Förderer der »Cecilienhilfe« möglich geworden war. Diesem Verein gelang es, durch Beiträge und Spenden ein kleines Vermögen zusammenzubringen, aus dessen Erträgen Mittel »für unvorhergesehene Fälle« zur Verfügung standen. In Generallandschaftsdirektor a. D. Adolph von Seidlitz-Habendorf und dem Bankdirektor Hans Eichert, Breslau, fand Cecilie zuverlässige Mitstreiter, während sie alle Anfragen und Gesuche persönlich prüfte und über die Genehmi-

Das Herzogliche Schloss Oels in Schlesien wurde in den Jahren 1558–1617 erbaut. Postkarte von 1937.

gungen und die Höhe der Zuwendungen letztlich allein entschied.
Die »Cecilienhilfe« bestand bis 1944 und kam Einzelpersonen ebenso zugute wie Verbänden und Vereinen, mochten diese auch schon von anderer Seite Mittel erhalten haben. So unterstützte sie regelmäßig die »Grauen Schwestern«, das Kriegshilfswerk, die Evangelische Frauenhilfe, den Gustav-Adolf-Frauenverein und den Verein »Wohlfahrt der weiblichen Jugend«. Auch bedurfte es keiner umständlichen Bittbriefe, um von der Kronprinzessin eine Summe für die den Waldarbeiterfrauen zugedachten Weihnachtsgeschenke zu erhalten. Die Zahl der Bittsteller nahm zu, sobald bekannt geworden war, dass Ablehnungen selten erfolgten. In der Regel waren die Beträge klein, auch blieb es bei einmaligen Zahlungen. Aber die »Cecilienhilfe« setzte ein Zeichen und gab Notleidenden die Gewissheit, dass die Frau Kronprinzessin in Oels alles zu ihrer Hilfe tun würde. Vielfache Unterstützung erhielt Cecilie aus Berlin, wo auf der Sponsorenliste auch der Name des Reichsbankpräsidenten Hjalmar Schacht erscheint, und durch Wohltätigkeitsveranstaltungen, wie einen Liederabend mit Tiana Lemnitz und Michael Raucheisen, die Summen zusammenbrachten, die den Fonds der »Cecilienhilfe« und damit seine Erträge erheblich verbesserten.

In diesen Jahren während ihres von einer gewissen Regelmäßigkeit bestimmten Lebens in Oels und Cecilienhof begann Cecilie mit der Niederschrift der »Erinnerungen« an ihre Jugend. Sie schrieb sie zum Besten des Augusta-Hospitals vom Roten Kreuz und widmete sie ihren Kindern, denen sie im letzten Abschnitt in aller Klarheit und Klugheit ihre Einsichten als »Testament« auf den Weg gab: »Ich bin überzeugt, dass der Mensch Zeiten der Stürme und allgemeiner Schwankungen nur überstehen kann, ohne Schaden an seiner Seele zu nehmen, wenn er sich selbst treu bleibt. Das heißt, wenn er die Wesensart, die die Grundlage seiner Lebensbahn bildet, beibehält und zur höchstmöglichen Vollendung ausbaut. Das schließt nun nicht aus, dass der Mensch sich verständnisvoll dem Guten, das jeder Wandel der Zeiten mit sich bringt, gegenüberstellen soll. Aber gewisse Grundsätze darf er nicht ableugnen, sonst gerät er selbst ins Schwanken und verliert in der Wirrnis der Meinungen und Auffassungen den inneren Halt, bis sie ihn schließlich verschlingen.«

Der Kaiser in Doorn

Wenige Tage nach dem Wechsel von Amerongen ins Doorner Exil erließ Wilhelm II. am 21. Juni 1920 ein Hausgesetz, das unter Rückgriff auf entsprechende frühere Bestimmungen die Würde der Krone, das Wohl des Staates und die notwendige Einheit und Einigkeit der Hohenzollern auch nach außen hin sichern sollte. Damit übte der Kaiser als Oberhaupt der Familie weiterhin den entscheidenden Einfluss auf das Leben der dem Throne am nächsten stehenden Menschen aus. Er ließ sich auch ihre Ehewünsche vortragen und beanspruchte die Aufsicht über die Erziehung der jungen Prinzen und Prinzessinnen. Cecilie respektierte die Bestimmungen dieses Hausgesetzes und bemühte sich um ein gutes Auskommen mit ihrem Schwiegervater, ohne freilich verhindern zu können, dass sich auch ihr Verhältnis zeitweise trübte. So meinte der Kaiser nach seiner Vermählung mit Hermine von Schönaich-Carolath (1887–1947), den Einfluss der »Kaiserin« stärken und Kompetenzstreitigkeiten zwischen den nahezu gleichaltrigen Frauen ausräumen zu müssen. In diesem Zusammenhang äußerte er sich seinem Flügeladjutanten Ilsemann gegenüber gelegentlich wenig freundlich über Cecilies Verhalten und ihren bevorstehenden Besuch in Doorn. Am 27. Dezember 1922 trafen der Kronprinz aus Wieringen und die Kronprinzessin mit ihren Söhnen aus

Cecilie (Mitte) in Heiligendamm 1928.

Berlin in Amerongen ein. Als Cecilie am folgenden Tage dem Kaiser und Hermine (»Hermo«) in Doorn ihre Aufwartung machte, bemühten sich beide Frauen um Harmonie und vermieden unerfreuliche Gespräche oder Peinlichkeiten.

In einem anschließenden Gedankenaustausch mit Sigurd von Ilsemann äußerte sich Cecilie jedoch ungewöhnlich freimütig über ihre Gefühle während dieses Besuches: »Es war alles sehr wehmütig für mich. In den alten Räumen, in denen ich früher die verstorbene Kaiserin gesehen und erlebt, tauchten vergangene Bilder wieder auf – und nun plötzlich diese veränderten Verhältnisse, dieser mir so fremde Mensch darin! Hermo war ja sehr nett, sie überschüttete mich mit Höflichkeiten; aber es ist doch sehr schwer für mich, das alles zu begreifen.« Die offene Aussprache mit Ilsemann half ihr dann, die Lage des zur Tatenlosigkeit verurteilten Kaisers etwas besser zu verstehen und sich in der Folgezeit noch mehr als vordem um eine freundliche Anteilnahme an seinem Schicksal zu bemühen und auf seine Vorlieben einzugehen. Da sie wusste, wie stolz er auf seinen Park in Doorn und besonders auf das Gedeihen der Rosen und Rhododendronbüsche war, erzählte sie ihm in ihren Briefen ausführlich über die eigenen Erfolge bei gärtnerischen Versuchen. Sie hielt sein Interesse an der Entwicklung der Kinder wach, berichtete von Ereignissen in Oels und Potsdam und ihren Plänen für die nächste Zeit. Dass die Enkel Wilhelm und Louis Ferdinand dank der vom Kaiser zugestandenen Aufhebung des Fechtverbots nunmehr als Corpsstudenten »ungetrübte Bonner Semester verleben dürfen«, erwähnt sie ebenso wie 1926 ihren Urlaub, den sie mit ihren jüngeren Kindern und dem kleinen Sohn des 1920 aus dem Leben geschiedenen Prinzen Joachim in Heiligendamm verbrachte. Sie vergaß auch nicht, ihn 1928 an sein vierzigjähriges Regierungsjubiläum zu erinnern und ging auf die von ihm ins Leben gerufene »Doorner Akademie« ein: »Worüber wird wohl dieses Jahr diskutiert werden?« Für größere Reisen holte sie seine Erlaubnis ein und durfte immer mit einem großzügigen finanziellen Zuschuss rechnen. So ermöglichten ihr die Gelder aus Doorn im August 1933 eine Kur in Kissingen. Hier genoss sie auf Ausflügen abermals die Weite der Landesnatur, ließ sich nach einer Wanderung zur Wasserkuppe von der Aussicht bis Fulda begeistern und nutzte die günstige Gelegenheit, um wieder einmal die Bayreuther Festspiele zu besuchen: »Selbst Wilhelm war sehr davon angetan und hört sich den Parsifal heute noch an.«

Zweimal bot Wilhelm, der älteste Sohn des Kronprinzenpaares, den Grund, Briefe nach Doorn möglichst diplomatisch abzufassen, um den Unwillen des Familienoberhauptes von vornherein zu mildern. 1926 hatten Cecilie und der Erzieher Ditfurth den Wunsch des jungen Prinzen an den Chef der Obersten Heeresleitung, Generaloberst Hans von Seeckt, herangetragen, an Übungen der Armee teilnehmen zu dürfen. Seeckt gab sein Einverständnis und unterrichtete den Kommandeur des 9. (Preußischen) Infanterie-Regiments, Oberst Meyn, mit der Einschränkung, dass Wilhelms Teilnahme in Münsingen ohne Aufsehen geschehen müsse. Cecilie unterrichtete den Kaiser darüber und betonte, daß ihr Sohn nun wenigstens einen kleinen Überblick über die jetzige militärische Ausbildung erhalte werde, »was den jungen Leuten von heute so abgeht und doch so notwendig ist«. So nahm der Prinz als Zuschauer an den Übungen des Regiments teil, fand aber mit Wissen Seeckts und Meyns auch als Ordonnanzoffizier Verwendung. Durch Ungeschicklichkeiten gelangte die Nachricht, dass ein Preußenprinz in der Reichswehr »diente«, in die Presse und verbreitete sich wie ein Lauffeuer. Seeckt sah sich jetzt den Vorwürfen des Reichswehrministers Geßler ausgesetzt, nicht informiert worden zu sein. Er übernahm darauf die volle Verantwortung für den Vorfall und kam am 8. Oktober 1926 um seinen Rücktritt ein. »Übel wollende Drahtzieher« hätten den Anlass dazu benutzt, um General von Seeckt zu stürzen, glaubte Cecilie. Sie müsse sich keinen Vorwurf machen, unkorrekt gehandelt zu haben, antwortete sie auf die zornigen Vorhaltungen aus Doorn, dass ein künftiger deutscher Kaiser bei Übungen der republikanischen Reichswehr gewesen sei. Es lag aber auf der Hand: Die den Hohenzollern nahegebrachte und vom Kronprinzen zugesagte politische Zurückhaltung war und blieb das Gebot der Stunde. Selbst der offizielle Weg konnte, wie in diesem Fall, missverstanden werden, er konnte von politischer Sprengkraft begleitet sein und unerwünschte Folgen haben.

Am 4. Juli 1927 beging die Familie in Doorn die Volljährigkeit des Prinzen Wilhelm. Der Kaiser erinnerte noch einmal an die Einhaltung des Hausgesetzes von 1920, bevor er es seinem Enkel zur Unterschrift vorlegte. Wegen dieses Gesetzes kam es dann vier Jahre später zu einer heftigen Kontroverse zwischen beiden, als Prinz Wilhelm seine Absicht bekundete, sich mit dem nicht ebenbürtigen Fräulein Dorothea von Salviati, der Tochter des verstorbenen Kammerherrn Alexander von Salviati, in Bonn verloben zu wollen. In einer spontanen Reaktion auf die ihm durch den Hausminister Leopold von Kleist übermittelte Nachricht schrieb der Kaiser am 28. März 1931 per Express nach Berlin: »Mein lieber Kleist. Soeben Ihren Brief mit der total überraschenden Auskunft erhalten. Vom Kronprinzen bisher kein Brief oder Nachricht gekommen. Habe *niemals*, auch von der Kronprinzessin nicht, etwas davon gehört. Bin vollkommen aus den Wolken gefallen! Unerhört, gänzlich ausgeschlossen! Habe auch sonst von *keiner* Seite jemals auch nur gerüchtweise eine Andeutung davon gehört. Wie ist so etwas möglich? Der junge Herr machte einen so gediegenen, überlegten Eindruck! Jedenfalls müssen Sie dem Vater keinen Zweifel lassen, dass es unmöglich ist. Wilhelm R.«

Auch Cecilie war von dem Wunsche ihres Sohnes überrascht worden. Kleist, der im Auftrag des Kronprinzen die Verbindung zwischen ihnen hergestellt hatte, äußerte zwar Verständnis, dass sie sich wegen Wilhelms Verhalten gekränkt fühle, da er »in dieser so wichtigen Angelegenheit nicht den Weg zum Mutterherzen gesucht« habe, bat sie aber, die Mutter des Fräuleins von Salviati in einem persönlichen Gespräch auf die Folgen einer solchen Verbindung hinzuweisen und dieses nicht in Oels, sondern in Berlin stattfinden zu lassen. Helene von Salviati lehnte dieses Ansinnen freundlich, aber bestimmt ab. Eine Unterredung zwischen Prinz Wilhelm und seinem Großvater in Doorn ließ abermals die Unvereinbarkeit ihrer Standpunkte erkennen. Während der Kaiser noch immer davon ausging, eines Tages auf den Thron zurückzukehren, stand ihm in seinem Enkel ein Vertreter der jungen Generation des Hohenzollernhauses gegenüber, die das Gesetz von 1920 zunehmend als Last empfand und bereit war, sich davon zu lösen und auf alle damit verbundenen Anrechte zu verzichten. Auf Drängen des Kaisers willigte Wilhelm schließlich ein, den Gedanken an eine Verlobung mit Dorothea aufzugeben. Zwei Jahre später ließ er ihn jedoch wissen, in dem Fräulein von Salviati die richtige Lebensgefährtin gefunden zu haben. Niemand könne ihn davon abbringen, dieses Mädchen zu heiraten. Während der Kaiser in diesem Schritt nicht nur den Ungehorsam des Enkels, sondern auch eine Gefahr für die monarchische Bewegung in Deutschland erblickte, gratulierte Louis Ferdinand seinem Bruder und versicherte ihm, dass er nach seinem Charakter gar nicht anders habe handeln können, auch wenn er dem Großvater und den Eltern schweres Leid zugefügt habe. Während das Kronprinzenpaar schwieg und nichts gegen Wilhelms Heirat unternahm, stufte der Kaiser seinen Enkel in die Reihe der nachgeborenen Prinzen des Königlichen Hauses zurück und schloss ihn von der Thronfolge aus. Die Zahlung der Junggesellen-Apanage setzte er zwar fort, billigte jedoch der Braut nicht den Status eines Mitglieds des Königlichen Hauses zu. Am 3. Juni 1933 fand in der Bonner Schlosskirche die Hochzeit des Prinzen Wilhelm mit Dorothea von Salviati statt. Das Kronprinzenpaar blieb der Feier in allem Zwiespalt der Gefühle fern; nur Wilhelms Bruder Hubertus zählte zu den Hochzeitsgästen.

Cecilies Äußerungen über das Ereignis lassen keinen Zweifel aufkommen, dass sie die altdynastischen Grundsätze des Kaisers auch dieses Mal zwar teilte, sich aber wünschte, ihren mütterlichen Einfluss erfolgreicher ausüben zu können. In diesem Sinne hatte sie sich zu Beginn des Konflikts in einem Schreiben vertrauensvoll nach Doorn gewandt. Enttäuscht vernahm sie die nur aus Vorwürfen bestehende Antwort ihres Schwiegervaters. »Der Kaiser ahnt wohl nicht, wie schwierig alles um mich herum ist. Er braucht es auch nicht zu wissen, nur ein wenig Liebe und Gerechtigkeit walten lassen«, schrieb sie am 17. April 1931 an Kleist. Doch auch Kleist, der alles tat, um das Königliche Haus nicht nur nach außen zu vertreten, sondern auch innerlich zusammenzuführen, konnte ihr in dieser Situation keinen Rat geben. Immerhin sagte er zu, alles zu tun, um Sr. Majestät Auffassung »vielleicht auf eine andere Basis zu stellen«. Im Mai 1933, wenige Tage vor der Hochzeit in Bonn, versicherten Kronprinz Wilhelm und Cecilie nolens volens den Kaiser ihrer Loyalität und stellten dadurch ihre Bereitschaft unter Beweis, sich der durch das Hausgesetz verfügten Ordnung der Hohenzollernfamilie zu unterwerfen.

Kriegsschicksal und Ende

Die Wellen der politischen Entwicklung in Deutschland erreichten bald auch den Kaiser in Doorn. Nicht ohne lebhafte Kritik bemerkte er, wie unterschiedlich die Stellungnahmen seiner Söhne zu Hitlers Machtergreifung ausfielen und wie schwankend letztlich auch sein eigenes Urteil den Vertretern des NS-Regimes gegenüber war, bevor er zu deutlicher Distanz überging. Während der Feier seines 75. Geburtstags am 27. Januar 1934 traten die Gegensätze offen zutage. Es gebe zwei Lager,

Schloss Cecilienhof wurde in den Jahren 1913–17 von Paul Schultze-Naumburg erbaut.

notierte Sigurd von Ilsemann, der Flügeladjutant: Die einen seien ganz für die Nazis, die anderen sehr scharf dagegen. Zu den letzteren gehörten vor allem die Kronprinzessin mit ihren Söhnen sowie die Prinzen Eitel Friedrich und Oskar, zu den Befürwortern zählte Prinz August Wilhelm mit seinem Sohn. Auch der Kronprinz durchschaute zunächst nicht, dass er von den Nationalsozialisten missbraucht wurde, um ihnen Eingang in konservative Kreise zu verschaffen. Untrüglicher war Cecilies Instinkt, der sie vor Hitler warnte, nachdem sie seinen gefährlichen Charakter während eines Gesprächs in Cecilienhof hatte beobachten können. Noch gelang es dem Kronprinzenpaar, die private Sphäre vor weltanschaulichen Einbrüchen zu schützen und Schloss Cecilienhof zum gesellschaftlichen Mittelpunkt geistig unabhängiger Persönlichkeiten zu machen, deren Namen dann im Zusammenhang mit den Ereignissen um den 20. Juli 1944 in den Blick Hitlers und der Gestapo gerieten. Bald aber stand auch Cecilienhof unter Beobachtung, ein Zustand, dem der Kronprinz mit dem nunmehr klareren Blick auf die kommende Katastrophe durch die Übersiedlung in seine Jagdhütte im Kleinen Walsertal zu entgehen suchte.

Cecilienhof: Das Zimmer der Kronprinzessin, Foto um 1930.

Des Kaisers 80. Geburtstag und die Vermählung Prinz Louis Ferdinands mit der russischen Großfürstin Kira 1938 schlossen vor Ausbruch des Zweiten Weltkriegs die lange Reihe der Familienfeiern in Haus Doorn ab. Zu Kriegsbeginn standen 15 Hohenzollern-Prinzen im Felde. Schon am 5. September 1939 fiel in Polen der erst vierundzwanzigjährige Prinz Oskar. Wilhelm, der älteste Sohn des Kronprinzenpaares, erlag am 26. Mai 1940 seinen im Kampf bei Valenciennes erlittenen Verletzungen. Unter großer protestartiger Anteilnahme der Bevölkerung wurde er im Potsdamer Antikentempel beigesetzt: »Unzählbar die hohen Offiziere der alten und der neuen Armee; unübersehbar wider jedes Erwarten die Menschenmengen, die zum Schluss dem Kronprinzenpaar zuriefen. Seit früh um neun hatten die Straßenbahnen die Menschenmassen nicht bewältigen können: Potsdam und Berlin. So stark ist also noch die Anhänglichkeit«, beschrieb Jochen Klepper, der Verfasser des Romans

Im Antikentempel im Park zu Sanssouci ruhen die letzte Kaiserin, Auguste Victoria († 1921), ihr Enkel Wilhelm († 1940) sowie die zweite Gemahlin Kaiser Wilhelms II., Prinzessin Hermine von Preußen († 1947), der zweitälteste Kaisersohn, Prinz Eitel Friedrich († 1942) und der jüngste Kaisersohn, Joachim († 1920). Foto um 1930.

Die Kronprinzessin zu Besuch in Retzin bei Zita Gans Edle Herrin zu Putlitz, um 1930.

»Der Vater«, seine Eindrücke. In einer kleinen, jedoch unübersehbaren Anzeige im Berliner Lokalanzeiger dankten der Kronprinz und Cecilie allen, die durch ihre Anwesenheit bei dieser Beisetzung ihr Mitgefühl bekundet hatten. Hitler erkannte deutlich die Gefahr, die von einer solchen nicht befohlenen, nicht organisierten großen Demonstration ausgegangen war: Umgehend verbot er Angehörigen des Hauses Hohenzollern den Einsatz an der Front und erweiterte später den »Prinzenerlass« auch für Mitglieder anderer ehemals regierender Häuser.

Am 4. Juni 1941 starb Kaiser Wilhelm II. im Exil, bis zuletzt von dunklen politischen Ahnungen über Deutschlands Schicksal erfüllt. Auf seine Weisung wurde er in einem kleinen zwischen den Rhododendronbüschen seines Parks errichteten Mausoleum beigesetzt. Hatte er Hitler im Juni 1940, vielleicht von seiner Umgebung gedrängt, noch zum Einmarsch deutscher Truppen in Paris mit dem Wort der Depesche Wilhelms I. von 1870 »Welch eine Wendung durch Gottes Fügung« gratuliert, so untersagte er jetzt für seine Beisetzung alles, was dem politischen Missbrauch durch die Hitler-Regierung hätte dienen können. Seine Trauerfeier sollte schlicht, einfach, still und würdig sein: »Keine Deputationen von zu Hause. Keine Hakenkreuzfahne, keine Kränze.« Zum letzten Mal betraten Cecilie und Wilhelm in Doorn das Haus, das sie in den vergangenen zwanzig Jahren bei glücklichen Familienanlässen so oft besucht hatten. Kronprinz Wilhelm übernahm nunmehr die Nachfolge seines Vaters als Chef des Hauses Hohenzollern. Im Übrigen lebte er schon seit längerem zurückgezogen und bezeugte kein nennenswertes Interesse mehr, in das politische Leben Deutschlands einzugreifen. Als Louis Ferdinand im Auftrage der Widerstandsgruppe um Goerdeler ein vorsichtiges Gespräch mit ihm führte, ob er sich an einer Aktion gegen Hitler beteiligen würde, riet der Kronprinz seinem Sohn, dass auch er sich besser nicht darauf einlassen möge.

Im Januar 1945 begab sich der Kronprinz seiner angegriffenen Gesundheit wegen zu einer Kur nach Oberstdorf. Währenddessen verließ Cecilie nach einem letzten Besuch in Oels beim Heranrücken der sowjetischen Armee das Schloss Cecilienhof und schloss sich dem Strom der Flüchtlinge Richtung Westen an. In Kissingen erlebten sie sowie Louis Ferdinand und Hubertus mit ihren Familien den Einmarsch der Amerikaner. Dann begann das lange Warten auf eine Nachricht des Kronprinzen. Endlich erfuhr sie, dass er auf der Burg Hohenzollern bei Hechingen als Gefangener der Franzosen wohnte und stellte sofort den Kontakt zu ihm her. Hier in Kissingen wie dort auf der Hohenzollern waren die Wohnverhältnisse auf die Dauer unerträglich. Dass Wilhelm schon Anfang Oktober 1945 entlassen wurde und in Hechingen eine kleine Wohnung zugewiesen erhielt, verminderte zwar die Sorge um ihn ein wenig, aber Cecilie musste sich weiterhin mit der Enge ihrer Kissinger Unterkunft abfinden. Im November 1945 erhielt sie die Mitteilung vom Hungertode ihres Bruders Friedrich Franz IV. von Mecklenburg-Schwerin. Trotz größter Geldknappheit und Unsicherheiten im Bahnverkehr setzte sie alle Hebel in Bewegung, um an seiner Beerdigung im holsteinischen Glücksburg teilnehmen zu können: »In dem ausgezehrten Gesicht des Toten erkannte ich kaum meinen Bruder wieder«, schrieb sie erschüttert.

In der Hoffnung auf Besserung der Verhältnisse ging das Leben in der Familie weiter. Hubertus, der dritte Sohn des Kronprinzenpaares,

Burg Hohenzollern, 2001.

hatte 1943 Magdalena Prinzessin Reuß geheiratet und Friedrich (»Fritzi«), der jüngste, im Juli 1945 Lady Brigid Guinness. Die Tochter Cecilie (»Cecilchen«) schloss 1949 die Ehe mit dem amerikanischen Architekten Clyde Kenneth Harris, den sie als Kontrolloffizier für Kunstsammlungen (Art Collecting Point) kennengelernt hatte. Kronprinz Wilhelm ließ es sich nicht nehmen, ihre Hochzeit auf der Burg Hohenzollern »so schön zu gestalten, wie es in meinen Kräften steht«. Niemand nahm Anstoß daran, daß der Bräutigam nicht ebenbürtig und Angehöriger der Besatzungsmacht gewesen war. Ein Jahr nach dieser Feier starb Prinz Hubertus in Windhoek, wo er begonnen hatte, für sich und seine Familie eine Existenz aufzubauen. Am 20. Juli 1951 endete auch das Leben des Kronprinzen. Viele Nachrufe berührten die Tragik und Vergeblichkeit seiner Bestimmung: Als ihm das Schicksal diese genommen habe, sei ihm auch sein Selbst genommen worden. Cecilie widmete ihm in ihren »Erinnerungen an den deutschen Kronprinzen« einen eigenen, sehr liebevollen Nachruf, mit dem sie den über ihn verbreiteten Verzerrungen und Verleumdungen noch einmal nachdrücklich entgegentrat.

Seit Sommer 1952 konnte Cecilie in Stuttgart wieder in eigenen vier Wänden leben. Das Haus war nicht groß, aber wohnlich und gemütlich eingerichtet und erinnerte mit Gegenständen aus Doorn und aus Räumen der Burg Hohenzollern an versunkene Zeiten. Sie verfügte jetzt über einen auskömmlichen Unterhalt, der es ihr durchaus erlaubt hätte, am kulturellen Leben der Stadt teilzunehmen und Reisen zu planen. Es blieben ihr jedoch nur noch wenige Monate, um diese Möglichkeiten auszuschöpfen, da nach einer schweren Krankheit die Kräfte abzunehmen begannen und sich der Körper nur noch durch ihren eisernen Willen beherrschen ließ. Trotz aller Beschwernisse reiste sie 1952 zu ihrem jüngsten Sohn Friedrich und seiner Familie nach England, um mit ihnen die Taufe des jüngsten Enkelkindes zu feiern. 1953 nahm sie in Hechingen, der Patenstadt von Oels, am Heimattreffen ihrer schlesischen Landsleute teil. Die Vergangenheit wurde lebendig, als sie die Vertriebenen im Hechinger Rathaus begrüßte und in einer kurzen Rede an ihr gemeinsames Schicksal erinnerte.

Nach einem Schlaganfall begab sich Cecilie zur ärztlichen Behandlung nach Kissingen, wo sie wieder dasselbe Zimmer bewohnte, in dem sie in den ersten Nachkriegsjahren gelebt hatte. Der zweite Schlaganfall war dann der unerbittliche Vorbote ihres Todes. Am 6. Mai 1954, dem Geburtstag des Kronprinzen, starb sie in Gegenwart ihrer Kinder Louis Ferdinand, Kira und Friedrich in Kissingen. Wie sie es bestimmt hatte, wurde ihr Leichnam auf die Burg Hohenzollern überführt. An einem strahlenden Maientag geleiteten Louis Ferdinand, der Chef des Hauses Hohenzollern, Mitglieder der Familie, Angehörige fast aller vormals regierenden Häuser und Freunde aus der alten und der neuen Zeit nach einer bewegenden Trauerfeier im Grafensaal den Sarg zum Offiziersgärtlein. Hier wurde Cecilie an der Seite des Kronprinzen zur letzten Ruhe gebettet.

Die Herzogin Viktoria Luise von Braunschweig setzte ihrer tapferen Schwägerin mit der Biografie »Die Kronprinzessin« 1977 ein Denkmal: »Mir kam in den Sinn, mit welchen Worten mein Vater sie willkommen geheißen hatte, wie er dabei an die große Königin Luise und andere Fürstinnen auf dem Throne Preußens erinnert und sie der Schwiegertochter als Maßstab für ihr künftiges Leben und Wirken gezeigt hatte, einer Frage gleich, die er an die Zukunft stellte. Jetzt in der Stunde des Abschieds kannte ich die Antwort: Die Kronprinzessin war über alle Vergleiche hinausgewachsen. Sie war ohne Beispiel. Unter allen Persönlichkeiten des gestürzten Kaiserhauses nimmt sie einen der ersten Ränge ein. Sie verstand es, in einem preußischen Stil zu leben und damit ein Vorbild für viele zu sein.«

Cecilies Familie

Ihre Eltern

Friedrich Franz III. Großherzog von Mecklenburg-Schwerin
(1851–1897)
⚭ 1879 **Anastasia Michailowna Großfürstin von Rußland**
(1860–1922)

Ihre Geschwister:

1. **Alexandrine Herzogin von Mecklenburg** (1879–1952)
⚭ 1898 **Christian X. König von Dänemark und von Island**
(1870–1947)

2. **Friedrich Franz IV. Großherzog von Mecklenburg** (1882–1945)
⚭ 1904 **Alexandra Herzogin zu Braunschweig und Lüneburg, Prinzessin von Großbritannien und Irland** (1882–1963)

Ihre Großeltern:

Friedrich Franz II. Großherzog von Mecklenburg–Schwerin
(1823–1883)
1. ⚭ 1849 **Auguste Prinzessin Reuß-Schleiz zu Köstritz** (1822–1862)
2. ⚭ 1864 **Anna Prinzessin von Hessen und bei Rhein** (1843–1865)
3. ⚭ 1868 **Marie Prinzessin zu Schwarzburg-Rudolstadt** (1850–1922)

Michael Nikolajewitsch Großfürst von Rußland (1832–1909)
⚭ 1857 **Cäcilie (Olga Feodorowna) Prinzessin von Baden** (1839–1891)

Ihre Kinder:

Wilhelm
*4. 7. 1906 Potsdam/Marmorpalais
† 26.5.1940 den Verwundungen erlegen in Nivelles/Frankreich
(1933 Verzicht auf alle Rechte als erstgeborener Sohn)
⚭ 1933 Dorothea von Salviati, *10. 9. 1907 Bonn, † 7. 5. 1972 Bonn

Louis Ferdinand
*9. 11. 1907 Potsdam / Marmorpalais
† 25. 9. 1994 Bremen
⚭ Haus Doorn 2.5.1938 **Großfürstin Kira von Russland**
* 9. 5. 1909 Paris, † 8. 9. 1967 St. Briac-sur-mer, Frankreich
Sohn: **Louis Ferdinand**, *25. 8. 1944, † 11. 7. 1977
Sohn: **Georg Friedrich**, *10. 6. 1976,
jetziger Chef des Hauses Hohenzollern

Hubertus

*30. 11. 1909 Potsdam

† 8. 4. 1950 Windhoek

1. ⚭ Maria Anna Freiin von Humboldt-Dachroeden,
   * 9. 7. 1916 Bromberg (⚮ 1943)
2. ⚭ Magdalena Prinzessin Reuß, * 20. 8. 1920 Leipzig

Friedrich

*19. 12. 1911 Berlin

† 20. 4. 1966 Reinhartshausen

⚭ Lady Brigid Guinness, *30. 7. 1920, London

Alexandrine

* 7. 4. 1915 Berlin

† 2. 10. 1980 Starnberg

Cecilie

* 5. 9. 1917 Cecilienhof

† 21. 4. 1975 Königstein/Taunus

⚭ Clyde Kenneth Harris,

*19. 4. 1918 Maud, Oklahoma, † 2. 3. 1958 Amarillo

Quellen

Geheimes Staatsarchiv Preußischer Kulturbesitz

Brandenburg-Preußisches Hausarchiv (BPH):
Rep. 54: Kronprinz Wilhelm
Rep. 62 III: Prinz August Wilhelm von Preußen

I. Hauptabteilung, Rep. 89: Geheimes Zivilkabinett, Jüngere Periode

Literatur

Arnim, Sieghart Graf von: Dietlof Graf von Arnim-Boitzenburg 1867–1933. Limburg 1998. (Aus dem deutschen Adelsarchiv. Bd. 13)

Borchert, Jürgen: Mecklenburgs Großherzöge 1815–1918. Schwerin 1992

Kaiser Wilhelms I. Briefe an seine Schwester Alexandrine und deren Sohn Großherzog Friedrich Franz II. Bearb. von Johannes Schultze. Berlin, Leipzig 1927

Bülow, Bernhard Fürst von: Denkwürdigkeiten. Bd. 2: Von der Marokko-Krise bis zum Abschied. Hrsg. von Franz von Stockhammern. Berlin o. J.

Cecilie, Kronprinzessin: Erinnerungen. Leipzig 1930

Cecilie, Kronprinzessin: Erinnerungen an den deutschen Kronprinzen. Biberach an der Riss 1952

Dohna-Schlobitten, Alexander Fürst zu: Erinnerungen eines alten Ostpreußen. Berlin o. J. [1989]

Dohna, Hans Graf zu: Waldburg-Capustigall. Ein ostpreußisches Schloß im Schnittpunkt von Gutsherrschaft und europäischer Geschichte. Limburg 1998. (Aus dem deutschen Adelsarchiv. Bd. 15)

Eppstein, Georg von: Der Deutsche Kronprinz. Der Mensch. Der Staatsmann. Der Geschichtsschreiber. Leipzig 1926

Erinnerungen des Kronprinzen Wilhelm. Aus den Aufzeichnungen, Dokumenten, Tagebüchern und Gesprächen hrsg. von Karl Rosner. Stuttgart, Berlin 1923

Friedrich Wilhelm Prinz von Preußen: Das Haus Hohenzollern 1918–1945. München, Wien 1985

Günther, Harri und Heinz Schönemann: Cecilienhof, Potsdam 1990

Gutsche, Willibald: Ein Kaiser im Exil. Der letzte deutsche Kaiser in Holland. Eine kritische Biographie. Marburg 1991

Heinrich, Gerd: Staatsdienst und Rittergut. Die Geschichte der Familie von Dewitz in Brandenburg, Mecklenburg und Pommern. Bonn 1990

Herre, Paul: Kronprinz Wilhelm. Seine Rolle in der deutschen Politik. München 1954

Ilsemann, Sigurd von: Der Kaiser in Holland. Aufzeichnungen des letzten Flügeladjutanten Kaiser Wilhelms II. Hrsg. von Harald von Königswald. Bd. 1: Amerongen und Doorn 1918–1923. – Bd. 2: Monarchie und Nationalsozialismus. München 1967–1968

Jonas, Klaus W.: Der Kronprinz Wilhelm. Frankfurt am Main 1962

Keller, Mathilde Gräfin von: Vierzig Jahre im Dienst der Kaiserin. Ein Kulturbild aus den Jahren 1881–1921. Leipzig 1935

Klepper, Jochen: Unter dem Schatten deiner Flügel. Aus den Tagebüchern der Jahre 1932–1942. Stuttgart 1955

Kreutzer, Guido: Der deutsche Kronprinz und die Frauen in seinem Leben. Nach authentischen Aufzeichnungen, Belegen und Untersuchungen. Leipzig 1923

Krockow, Christian von: »Unser Kaiser«. Glanz und Sturz der Monarchie. Mit historischen Postkarten aus der Sammlung Jürgen Christen. Braunschweig 1993

Bei Kronprinzens. Aus dem Familienleben des Kronprinzenhauses. 3. Aufl. Berlin 1914

Lange, Carl: Der Kronprinz. Berlin 1934

Louis Ferdinand Prinz von Preußen: Die Geschichte meines Lebens. Göttingen-Hannover 1968. – 5. Aufl. unter dem Titel: Im Strom der Geschichte. Heimkehr nach Potsdam. München 1993

Massenbach, Heinrich von: Die Hohenzollern einst und jetzt. Limburg/Lahn 1977

Die Reden Kaiser Wilhelms II. Teil 3: 1901 bis Ende 1905. Gesammelt und hrsg. von Johs. Penzler. Leipzig [1907]. Teil 4: 1906 bis Ende 1912. Gesammelt und hrsg. von Bogdan Krieger. Leipzig [1913]

Ries, Helmut: Kronprinz Wilhelm. Hamburg (usw.) 2001

Schönemann, Heinz: Das Schloß Cecilienhof im Neuen Garten. In: Potsdamer Schlösser und Gärten. Bau- und Gartenkunst vom 17. bis 20. Jahrhundert [Ausstellungskatalog]. Stiftung Preußische Schlösser und Gärten Potsdam-Sanssouci. Potsdam 1993, S. 279–280

Stamm-Kuhlmann, Thomas: Die Hohenzollern 1918–1945. München 1985

den Toom, Friedhild: Wilhelm II. in Doorn. Doorn 2002

Viktoria Luise, Herzogin zu Braunschweig und Lüneburg, Prinzessin von Preußen: Deutschlands letzte Kaiserin. Hannover-Göttingen 1971

Viktoria Luise, Herzogin: Die Kronprinzessin. Hannover 1977

Für Hinweise danke ich herzlich Herrn Prof. Dr. Bernhard von Barsewisch, Frau Dr. Sophie Mathilde Gräfin zu Dohna, den Herren Prof. Dr. Gerd und Ulf Heinrich sowie der Antiquitäten Galerie Porzich Potsdam, Kurfürstenstraße.

Inhalt

48 Seiten. Zahlreiche historische und aktuelle Aufnahmen in Farbe und Schwarzweiß. 4,00 Euro
Auch in englischer Sprache erschienen.

Alle Titel erhältlich in der Fontane-Buchhandlung Neuruppin, in weiteren ausgewählten Buchhandlungen oder direkt und portofrei beim Verlag.

56 Seiten. Zahlreiche historische und aktuelle Aufnahmen in Farbe und Schwarzweiß. 4,00 Euro

Ein Lebensbild der ersten Königin von Preußen.